AF672484

Sabine Sommerkamp

IM HERZEN DES GARTENS

Tanka und Haiku

Rotkiefer Verlag

Bibliografische Information der Deutschen Nationalbibliothek:
Die Deutsche Nationalbibliothek verzeichnet diese Publikation in der Deutschen Nationalbibliografie; detaillierte bibliografische Daten sind im Internet über http://dnb.d-nb.de abrufbar.

Copyright © 2024
Rotkiefer Verlag
www.rotkiefer-verlag.de
kontakt@rotkiefer-verlag.de

Autorin: Sabine Sommerkamp
Covergestaltung: Martina Khamphasith
Satz: TZ-Verlag & Print GmbH

Grafiken S. 36, 50, 64, 78: © Kudryaschka (shutterstock.com)
Autorenfoto: Honorarkonsulat Lettland

Neudruck und Erweiterung der Erstausgabe von 1993
(Verlag Graphikum)

ISBN: 978-3-949029-23-3 Softcover
ISBN: 978-3-949029-26-4 Hardcover

Eine Vervielfältigung (auch in Auszügen) ist nur mit ausdrücklicher schriftlicher Genehmigung des Verlages gestattet.

Inhalt

Vorspann von *Rüdiger Jung* 7

Tanka

Im Herzen des Gartens –
Im Garten des Herzens 11

Traumhafte Wahrheit –
Wahrhafter Traum 19

Im Spiegel der Tiefe –
In der Tiefe des Spiegels 27

Haiku

Frühling 37

Sommer 51

Herbst 65

Winter 79

Nachwort 93

Biografie 99

Vorspann

In ihrem Buch „Im Herzen des Gartens“ verfasst Sabine Sommerkamp Tanka und Haiku, Kurzgedichte nach japanischem Vorbild.
Das Tanka reicht zurück bis in die Anfänge der japanischen Literatur – idealtypisch fünf Zeilen mit 5 + 7 + 5 + 7 + 7 Moren (unseren Silben vergleichbar, aber kürzer). Den Hintergrund des Tanka bildet die Natur Japans, seine poetische Überlieferung und seine spirituellen Traditionen. Thematisch reicht der Bogen vom Reisenotat bis zum distinguierten Liebesgedicht.
Für das Haiku, das mit dem Haikai-Meister Matsuo Bashō (1644–1694), dem bedeutendsten Vertreter dieser japanischen Gedichtform, Teil der Weltliteratur wurde, hat die Autorin in ihrer Dissertation (siehe „Nachwort“) die folgenden grundlegenden Charakteristika namhaft gemacht. Diese sind auch Leitlinie in ihrem Märchen „Die Sonnensuche“, das die Kunst des Haiku-Dichtens lehrt:

- Kürze: drei Zeilen zu meist 17 Silben (5/7/5)
- Bezug zur Natur (kigo = Jahreszeitenwort)/ Umwelt
- Gegenwärtigkeit: Hier und Jetzt
- Ein einzelner Augenblick

- Konkretheit: nichts Abstraktes, sinnlich wahrnehmbar
- Andeutung: nicht Ausdeutung
- Zäsur (kireji) nach dem ersten oder zweiten Vers
- Kein Reim, keine Überschrift, keine Redundanzen; aber: möglichst ein „Gegensatzpaar" (niku isshō = zwei scheinbar beziehungslose Teile, die sich zu einer umfassenden Aussage verbinden)
- Bildlichkeit: möglichst symbolstark
- Der tiefere Sinn

„Haiku schreiben heißt: ein Licht anzünden". (Offenbart Takeru im Märchen „Die Sonnensuche").

Rüdiger Jung*

*Rüdiger Jung (geb. 1961), verheiratet, Ev. Pfarrer in Dautphe, Lyriker und Essayist; „Haiku-Preis zum Eulenwinkel" 1989

TANKA

短歌

Im Herzen des Gartens – Im Garten des Herzens

Tanka-Zyklus

Du sandtest Lilien,
Bauernrosen und Disteln
kurz nach dem Abschied.
Bist nun weit fort, doch ihr Bild
bringt Dich mir nah‘, Geliebter.

Zu kurz war die Zeit –
zu reich, um zu vergessen.
Fünf Heckenrosen
verblühten – ihr Duft aber
lebt wie diese Blumen hier.

Die Heckenrosen
sind nicht mehr Heckenrosen
wie einstmals, seit ich
Dich traf. Sollte ich allein
die gleiche sein wie früher?

Langsam öffnen sich
Bauernrosen in der Nacht,
in aller Stille.
Langsam formt sich Dein Gesicht
in meinem Geist, Geliebter.

Die weißen Lilien
erblühn – in ihren Kelchen
liegt Morgenröte.
Ich träumte von Dir – ein Traum?
Ich fühl meine Wangen glühn.

Die blauen Disteln –
in der ersten Dämmerung
noch fahl wie Asche.
Welch ein Gedanke – mit Dir
einst in den Morgen zu ziehn.

Die Blumen stehn still,
sind ganz aufgeblüht. Sag‘ mir,
was Du denkst. Öffne
Dein Herz wie eine Glocke,
die nie jemand läutete.

Fern läuten Glocken –
offene Blüten neigen
sich einander zu.
Du hast mir alles gesagt,
wartest auf meine Antwort.

Zart wie die Blüten
sich im Sommerwind berührn
sei unsre Liebe.
Bleibend wie Dein Blick in mir –
nicht mehr und nicht weniger.

Das Falln der Blüten,
ja, selbst der Ton des Regens
hat nichts Trauriges.
Die Zeit, auch die der Trennung,
zieht durch uns beide hindurch.

Der Duft der Blumen
erfüllt noch immer das Haus,
auch wenn sie welkten.
Du bist nie hier gewesen –
oder gingst Du niemals fort?

Lilien verblühten,
Bauernrosen und Disteln.
Sie werden weiter
blühn – im Herzen des Gartens,
im Garten unsrer Herzen.

Traumhafte Wahrheit – Wahrhafter Traum

Tanka-Zyklus

Ich habe geträumt,
dass ich mit Dir am Meer stand.
Nun bin ich erwacht
und stehe mit Dir am Meer –
oder ist auch das ein Traum?

Glutrot und stetig
hebt sich der Mond aus dem Meer.
So unaufhaltsam
ist in all diesen Jahren
meine Liebe gewachsen.

In Deinen Armen
werde ich selber zum Meer.
Welle auf Welle
brandet durch meinen Körper,
wenn Du mich inbrünstig küsst.

Im hellen Mondlicht
schimmert Dein Haar wie Rauhreif.
Die vielen Winter,
die wir uns nicht gesehen,
haben es silbern getönt.

Ernst siehst Du mich an.
Deine braungrünen Augen –
oft hab‘ ich daheim
im braungrünen Blätterwald
Deinen Namen geflüstert.

Du weißt, doch Du fragst,
ob ich nicht mit Dir käme
und immer Dein sei.
Doch sieh‘: Rosen, die Du pflückst,
vergehen ohne Wurzeln.

Du nimmst meine Hand
und trocknest meine Tränen.
Bitterer sind sie
als der Geschmack des Meeres
bei Tage und in der Nacht.

Du musst wieder fort.
Versprechen kann ich Dir nur
ein Wiedersehen.
Ich weiß noch nicht, wann und wo,
weiß nur, dass ich Dich liebe.

Auf dem Fenstersims
vor Deinem leeren Zimmer
sitzt eine Taube.
Unentwegt sieht sie mich an –
ob sie ahnt, was ich fühle?

Erst seit Du fort bist
weiß ich, wieviel Geräusche
die Stille gebiert.
Laut pocht mein Herz hin zu Dir –
Schläge, ohne ein Echo.

Mein Haar im Spiegel –
ich zög‘re, es zu kämmen,
schließe die Augen.
Es ist das Letzte, das Du
berührt hast, ehe Du gingst.

Ich habe geträumt,
dass ich mit Dir am Meer stand.
Nun bin ich erwacht
und stehe allein am Meer.
Wann wird mein Traum wieder wahr?

Im Spiegel der Tiefe – In der Tiefe des Spiegels

Tanka-Zyklus

Für eine Zeitlang
geh‘ ich auf Reisen. Es ist
der erste Abschied
seit wir uns begegnet sind.
Wie wird es ohne Dich sein?

Der Mond am Himmel –
weil er so weit entfernt ist,
kann man ihn sehen.
Hier in der Ferne, wie klar
wird mir unsere Liebe!

Der Morgen dämmert,
leer blieb das Bett neben mir.
Ich hab‘ mich gefragt,
was an Dir mich am meisten
bewegt: Dein Antlitz im Schlaf.

Der Duft von Lilien,
wie ich sie von Dir bekam,
durchflutet die Luft.
Er macht mir das Herz schwer und
doch – ich atme ihn tief ein.

Morgendlicher Dunst
liegt bleischwer über dem Meer.
Bei Sonnenaufgang
vergeht er irgendwohin –
wohin die Sehnsucht nach Dir?

Fern am Horizont
zieht ein Delphin seine Bahn
mit seinem Weibchen.
Wo magst Du sein, Geliebter,
wo Deine leitende Hand?

Dein Name im Sand –
so oft ich ihn auch schreibe,
die Welle kommt und
löscht ihn, trägt ihn weit hinab
ins Meer, tiefer in mein Herz.

Mein Spiegelbild im
Wasser – ich betrachte es
ganz in Gedanken
an Dich. Nie war ich mehr ich,
als ich nicht an mich dachte.

Nach dem Bad im Meer
das Salz auf meiner Zunge –
es ist derselbe
vertraute Geschmack Deines
Körpers, wenn wir uns liebten.

Abends kommt Wind auf,
streicht sanft über mein Gesicht.
Er weht von Osten,
von dort, wo Du weilst. Er muß
Deine Hand berührt haben.

Weil in die Stille
der Nacht Welle auf Welle
schlägt, gibt es die Zeit.
Wie lange bin ich schon fort,
wie lang‘ noch bis ich Dich seh‘?

Für eine Zeitlang
ging ich auf Reisen. Es war
der schwerste Abschied
seit ich Dir begegnet bin:
Ich kann nicht ohne Dich sein.

HAIKU

俳句

Frühling

春

Erster Frühlingstag –
die Tür des Nachbarhauses
ist nur angelehnt.

Erste Schneeglöckchen
kommen spontan durchs Erdreich –
ganz aus sich heraus.

Die Morgensonne –
Knospe um Knospe blüht auf:
wie hell wird der Tag!

Vom Kirschbaum geträumt
eine Nacht lang – am Morgen
steht er in Blüte.

Der Strahl der Sonne –
heute schießt er auf das Beet
den ersten Krokus.

Mein Gärtchen verkauft –
wie anders klingt auf einmal
der Vögel Gesang!

Unterm Apfelbaum
träumt der Großvater heute:
das Haar voll Blüten.

Schwerer Fliederduft –
doch die Briefe auf dem Pult
warten auf Antwort.

Düsenlärm dröhnt laut –
doch abseits der Landebahn
brüten Zugvögel.

Sachter Frühlingswind –
im Leib der Mutter regt sich
keimendes Leben.

Unterm Apfelbaum
von Blüten fast zugedeckt:
das Laub vom Vorjahr.

Abend geworden –
in der Ferne die Glocke
läutet sein Schweigen.

Sommer

夏

Aus dunkler Tiefe
zur Sonne aufgebrochen:
eine Seerose.

Auf den Waldboden
golden skizziert das Blattwerk –
schattiger Vorwurf.

Mein Bäumchen gefällt,
der Sonne nun viel näher –
aber der Schatten!

Die weißen Rosen
erblüht – und ich noch immer
in Arbeitskleidung!

In die Mittagsglut
trägt sacht ein Windzug Kühlung –
Wicken erschaudern.

Flirrende Hitze –
die ganze Bucht ist erfüllt
vom Grillenzirpen.

Jenseits blühn Rosen –
ich hier, diesseits der Mauer,
atme ihren Duft.

Die Abendsonne –
auch die Rose neigt ihr Haupt
an diesem Tage.

Die Nacht bricht herein –
im erstarrten Fischauge
geht hell ein Stern auf.

So still diese Nacht –
selbst die Sterne ziehen heut‘
einsam ihre Bahn.

Verlassener Strand –
zwei nackte Puppenarme
zum Vollmond gestreckt.

Das helle Mondlicht:
auf hundert Wellen verstreut
lenkt den Blick aufwärts.

Herbst

秋

Fern zum Horizont
vom Herbststurm hingetrieben:
Wellen und Wolken.

Menschenleer der Strand –
die Herbstflut steigt, löscht langsam
alle Spuren aus.

Die Heckenrosen
windzerzaust – still daneben
die Hagebutten.

Hab‘ so viel Herbstlaub
schon verbrannt – immer neues
fegt der Wind heran.

Alleingelassen
eine letzte Garbe Korn –
kalt weht heut‘ der Wind.

Grauer Herbsthimmel –
von schwarzen Äckern steigen
graue Nebel auf.

Zugfahrt im Nebel –
Wiesen, Wälder, mein Gesicht:
frühe Herbstlandschaft.

Rot sinkt die Sonne –
am Strauch die Hagebutte
leuchtet samenschwer.

Frühe Dunkelheit –
Blätter treiben auf dem Strom,
durch den Mond hindurch.

So schnell ich auch lauf‘,
immer folgt mein Schatten mir
in dieser Mondnacht.

Vom Mond beschienen
der letzte Apfel am Baum –
wird er reif heut‘ nacht?

Auf den Kies gezackt
schwarze Spitzen von Kiefern –
kalte Vollmondnacht.

Winter

冬

Winterfrostmorgen –
heiserer klingt die Krähe,
klarer die Glocke.

Bauschige Wolken –
vom Wind zerstoben, rieseln
ins schweigende Land.

So viel Schneeflocken
heute vor Deinem Haus, Spatz –
wer hat sie gestreut?

Eingeschneit das Tal –
nur die Sonne erklimmt leicht
Gipfel um Gipfel.

Vom kahlen Baume
fliegt die Krähe krächzend fort –
Wintereinsamkeit.

Weiße Ebene –
Feld und Hügel fortgeweht
hat der Wintersturm.

Weißes Bergmassiv –
über Schneefelder endlos
der Ruf des Käuzchens.

Heiliger Abend –
weiß auf weißem Feld erblüht
eine Christrose.

Horch, im Glockenschlag
vereint: heute und morgen –
gestern und heute.

Feuerwerkshimmel:
in offene Münder fällt
erstes Neujahrslicht.

Im kahlen Geäst
hängt die Sichel des Mondes –
schneidende Kälte.

Durch die Winternacht
das Brechen eines Astes –
Stille wie zuvor.

Nachwort

Über meine Haiku- und Tanka-Dichtung

Die Suche des Menschen nach der Einheit von sich und der Welt lenkt das menschliche Streben nach Harmonie – überall, ob in Ost oder West, damals wie heute.

Glücklich und erfüllt ist der schreibende Mensch, wenn er in Bildern der Natur ein Echo, einen Spiegel seiner Gedanken und Gefühle, seines Selbst findet.

Welche poetischen Ausdrucksformen könnten hierfür geeigneter sein als das Haiku oder Tanka?

Im Alter von fünf Jahren, 1957, reiste ich mit meinen Eltern nach Japan. Wir wohnten in alten, traditionellen Hotels, aßen japanisch, schliefen auf Tatami, bewegten uns in kunstvoll angelegten japanischen Gärten. Als Kind erlebte ich hier, was mir erst viel später bewusst wurde: die unmittelbare Nähe zur Natur und den Geist fernöstlicher Ästhetik, die auf die Einheit von Mensch und Natur ausgerichtet ist – anders als in der westlichen

Welt, in der der Mensch stärker und bestimmend im Vordergrund steht.

Dieses frühe prägende Erlebnis legte den Grundstein für mein späteres Interesse an Tanka- und Haiku-Dichtung. Ihr begegnete ich zum Ende meiner Schulzeit und richtete mein Studium danach aus. Meine Staatsexamensarbeit behandelt den Einfluss japanischer Haiku-Dichtung auf die westliche Dichtung und Kultur – ein Thema, das ich in meiner anschließenden Doktorarbeit grundlegend und umfassend erforschte.

Der wissenschaftlichen Beschäftigung mit Haiku-Dichtung folgte während meines anschließenden Referendariats die praktische Beschäftigung. 1984/85 schrieb ich die erste Fassung des Haiku-Märchens „Die Sonnensuche". Es war Grundlage eines Unterrichtsversuchs mit zwölfjährigen Gymnasialschülern (32) im Deutschunterricht. Durch das Märchen lernten sie den japanischen Dreizeiler und seine Poetik kennen und schrieben mehr als 600 Haiku.

Die große Resonanz bei den Schülern und die Qualität ihrer Gedichte bestätigten die Möglichkeit, auch im Deutschen adäquat damit umzugehen.

„Die Sonnensuche" wurde literarisch ausgezeichnet und in Ungarn landesweit als Schulbuch für den Deutschunterricht (zweites Lektürejahr) eingeführt. Das Märchen wurde ins Englische, Japanische, Chinesische und Lettische übersetzt.

Haiku-Dichtung einem breiten deutschsprachigen Publikum zu vermitteln, war Ziel meiner redaktionellen Beschäftigung mit dem japanischen Dreizeiler. Als Redakteurin des „Haiku Spektrums" der Literaturzeitschrift „apropos" – dem ersten regelmäßig erscheinenden Haiku-Forum für deutschsprachige und internationale Haiku-Dichtung in Deutschland – und in anderen Magazinen wie auch in zahlreichen Vorträgen versuchte ich, am Vorbild der USA, Kanadas und Großbritanniens Haiku-Dichtung im deutschsprachigen Raum bekannter zu machen.

Wie kam es nun dazu, dass ich selber Haiku und später auch Tanka schrieb? Anhaltspunkte dafür, dass man Haiku auch in deutscher Sprache schreiben kann, fand ich zuerst bei Rainer Maria Rilke, vor allem aber bei der mit ihm befreundeten österreichischen Schriftstellerin Imma von Bodmershof. Als ich Mitte der 70er Jahre eine schriftliche Korrespondenz mit ihr begann, war sie schon hochbetagt, doch mit ihren Haiku und Ausführungen zu meinen Gedichten für mich richtungsweisend.

Am Vorbild klassischer japanischer Haiku-Dichter begann ich damals eigene Haiku zu schreiben. 1979 entstand unter dem Titel „58 Haiku“ eine erste Sammlung, zusammengestellt zum 58. Geburtstag meines Vaters und ihm gewidmet.

Eine größere Zusammenstellung von Tanka und Haiku erschien 1993 unter dem Titel „Im Herzen des Gartens“. Die Buchausgabe ist eine Sammlung von 84 Gedichten: 36 Tanka und 48 Haiku.

Die Tanka gliedern sich in drei Zyklen zu je zwölf Gedichten. Jeder Zyklus ist ein geschlossenes Ganzes und beinhaltet das Thema „Liebe“. Der menschliche Zustand, die Gefühle korrespondieren mit einzelnen Naturbildern.

Die 48 Haiku gliedern sich in vier Zyklen – Frühjahr, Sommer, Herbst und Winter – zu je zwölf

Gedichten. Auch hier ist jeder Zyklus in sich geschlossen; er bringt den Rhythmus der jeweiligen Jahreszeit zum Ausdruck und den Einklang von Mensch und Natur, ohne dass der Mensch im Vordergrund steht.

Die Tanka- und Haiku-Sammlung ist seit langem vergriffen. Für die vorliegende erweiterte Neuausgabe der Gedichte, von denen zahlreiche prämiert und in andere Sprachen übersetzt wurden, bin ich dem Rotkiefer-Verlag sehr verbunden. Mein besonderer Dank gilt Petra Klingl, die diese Ausgabe initiierte und betreute, und Rüdiger Jung für seine einführenden Erläuterungen.

Mögen die Gedichte des "Gartens" den Leser erfreuen und zu eigenen Tanka und Haiku anregen!

Sabine Sommerkamp

Die Autorin

und

Veröffentlichungen
(Auswahl)

Sabine Sommerkamp,

geb. 1952 in Hamburg, verheiratet, ein Sohn. Studium der Germanistik, Anglistik/Amerikanistik, Erziehungswissenschaft (Erstes und Zweites Staatsexamen), Japanologie und Vergleichenden Religionswissenschaft in Bonn und Hamburg. 1975/76 Studienjahr in England (Stipendium des DAAD), 1984 Promotion zum Dr. phil. Ausgedehnte Aufenthalte in USA, Südamerika und dem Fernen Osten seit frühester Kindheit.

Einrichtung und redaktionelle Betreuung des „Haiku Spektrums" in apropos, Zeitschrift für Kunst, Literatur, Kritik (1981 – 1985), Vizepräsidentin des „Senryū-Zentrums" (1981 – 1988) und Mitbegründerin der Deutschen Haiku-Gesellschaft e.V. (1988).

Veröffentlichungen im In- und Ausland, insbesondere in den USA, Japan und China (hier z. B. Gedichte in der Übersetzung von Wang Meng, dem ehemaligen Kulturminister Chinas und einem der bedeutendsten chinesischen Schriftsteller der Ge-

genwart, u. a. veröffentlicht in der Pekinger Tageszeitung „People`s Daily“, Auflage: drei Mio. Exemplare).

Unter anderem Mitglied der „Haiku Society of America“, der „Deutschen Haiku-Gesellschaft e.V.“, der „Hamburger Autorenvereinigung e.V.“ und des „Deutschen Journalisten Verbandes e.V.“.

1976 – 1982 Regieassistentin bei der Deutschen Wochenschau/cinecentrum (Schwerpunkt Industriefilm) neben dem Studium.

1984 – 1986 Redakteurin beim NDR-Fernsehen sowie freie Mitarbeiterin bei großen Printmedien wie „Die Welt“ und „GEO“.

1986 – 1991 Stellvertretende Konzernsprecherin der Beiersdorf AG.

1991 – 2009 Leiterin Strategische Zielgruppen, Beiersdorf AG.

1997 Ernennung zur Honorarkonsulin der Republik Lettland und seither Leiterin des Honorarkonsulats der Republik Lettland in Hamburg.

Bücher und Veröffentlichungen (Auswahl)

Die Sonnensuche.
Ein Haiku-Märchen. Mit Bildern von Irene Müller. (Christophorus-Verlag, 1990, Übernahme des Vertriebs durch den Iudicium Verlag 2022)

Lichtmomente.
Gedichte (Verlag Graphikum 1989, 1996)

Im Herzen des Gartens.
Tanka und Haiku (Verlag Graphikum, 1993)

CD-Album: **Back in Time.**
Songs from the 1930s to the `60s (Whiterock Records 2012)

Paintings 2003–2013
(Alsterverlag Hamburg 2014, 2016)

17 skati uz Fudži kalnu.
Fotoattēli un tankas (lettisch-deutsch, Jumava Verlag, 2020)

17 Ansichten des Berges Fuji. Bilder und Tanka (deutsch-japanisch, Iudicium Verlag, 2021)

Der Einfluss des Haiku auf Imagismus und jüngere Moderne. Studien zur englischen und amerikanischen Lyrik (Durchgesehener und um ein Nachwort erweiterter Neudruck der Ausgabe 1984, Iudicium Verlag 2023).

Mehrere Literaturpreise (USA, Deutschland, Japan).

Weitere Informationen:

www.sabine-sommerkamp.de
und
https://www.haiku-
heute.de/archiv/sommerkamp-friebel-szala/